BEI GRIN MACHT SICH IHR WISSEN BEZAHLT

AF145069

- Wir veröffentlichen Ihre Hausarbeit,
  Bachelor- und Masterarbeit

- Ihr eigenes eBook und Buch -
  weltweit in allen wichtigen Shops

- Verdienen Sie an jedem Verkauf

Jetzt bei www.GRIN.com hochladen und kostenlos publizieren

Bibliografische Information der Deutschen Nationalbibliothek:

Die Deutsche Bibliothek verzeichnet diese Publikation in der Deutschen National-
bibliografie; detaillierte bibliografische Daten sind im Internet über http://dnb.d-
nb.de/ abrufbar.

Impressum:

Copyright © 2015 GRIN Verlag, Open Publishing GmbH
Druck und Bindung: Books on Demand GmbH, Norderstedt Germany
ISBN: 9783668508279

Dieses Buch bei GRIN:

http://www.grin.com/de/e-book/373226/die-orientierung-der-damenmode-an-der-
maennerwelt-gestern-und-heute

Annalena Bunte

Die Orientierung der Damenmode an der Männerwelt gestern und heute

GRIN Verlag

GRIN - Your knowledge has value

Der GRIN Verlag publiziert seit 1998 wissenschaftliche Arbeiten von Studenten, Hochschullehrern und anderen Akademikern als eBook und gedrucktes Buch. Die Verlagswebsite www.grin.com ist die ideale Plattform zur Veröffentlichung von Hausarbeiten, Abschlussarbeiten, wissenschaftlichen Aufsätzen, Dissertationen und Fachbüchern.

Besuchen Sie uns im Internet:

http://www.grin.com/

http://www.facebook.com/grincom

http://www.twitter.com/grin_com

Ratsgymasium Wolfsburg

Facharbeit im Seminarfach

Design

Die Orientierung der Damenmode an der Männerwelt gestern und heute.

Verfasserin: Annalena Bunte

Abgabe: 18. März 2015

Gliederung

---

[1] Buxbaum, Gerda: „*Mode! Das 20. Jahrhundert*", Seite 32.

1. Einleitung

In meiner Facharbeit beschäftige ich mich mit der Orientierung der Damenmode an der Männerwelt gestern und heute, wobei ich diese an mehreren Beispielen zeigen werde.

1.1 Persönliches Motiv

Ich möchte mich mit diesem Thema auseinandersetzen, da die Annäherung der Damenmode an die Männerwelt immer ein sehr aktuelles Thema war. Man sieht zum Beispiel einen deutlichen Unterschied zwischen der Mode, die vor 100 Jahren getragen wurde und der heutigen. Diesen Unterschied möchte ich gerne herausarbeiten, um herauszufinden, warum Frauen sich überhaupt der Männermode annähern wollten.

1.2 Definition des Themas

Unter Damenmode verstehe ich die komplette Kleidung einer Frau. Dazu gehören auch Accessoires, Schmuck, Schuhe, Frisuren etc.

Mit der Orientierung an der Männerwelt ist die Anlehnung an eventuelle Männermode, oder auch der Männerarbeit gemeint. Die Emanzipation wird hierbei sicherlich auch eine Rolle spielen.

Das „gestern und heute" möchte ich in Beispielen verdeutlichen. Ein Teil der Beispiele wird zeitlich ferner sein und ein anderer Teil näher.

Hierzu sollen Beispiele dienen, die jedem bekannt sind, allerdings nicht unbedingt als Orientierung der Damenmode an der Männerwelt benannt werden.

Um die Beispiele zu veranschaulichen, werde ich ein beispielhaftes Outfit aus der Damen- und Männermode aussuchen und dies dem modischen, politischen und ökonomischen Hintergrund der Zeit gegenüberstellen.

Um die jetzige Meinung einer großen Gruppe mit in meine Facharbeit miteinfließen zu lassen, habe ich eine Umfrage durchgeführt, die ich im weiteren Verlauf weiter ausführen werde.

1.3   Aufbau und Beispiele

Die oben bereits angesprochenen Beispiele möchte ich nun weiter definieren:
Ich werde mit dem Beispiel der Hose beginnen, das wohl das berühmteste
Beispiel für die Spiegelung der Emanzipation der Frau und ihre Annäherung an
die Männerwelt, bezüglich der Mode, ist. Hierbei möchte ich einen
geschlossenen Verlauf darstellen, da der „Streit" um die Hose sich über
mehrere Jahrhunderte hinstreckt.

Hierzu werde ich auch ein kleines Unterkapitel zum Hosenanzug anlegen.

Fortfahren werde ich dann mit der „maskulinen Weiblichkeit" in den
Zwanziger Jahren, da dies ein unvergleichliches Beispiel für den „Kampf
zwischen männlichem und weiblichem Prinzip (...)"[2] ist. Hier sieht man sehr
deutlich, dass Mode als ein Zeichen genutzt wird, das ich im weiteren Verlauf
weiter ausführen werde.

In den Zwanziger Jahren lebte auch die Stilikone Coco Chanel, die einen
großen Anteil an der Vermännlichung der Damenkleidung hatte. Somit werde
ich auch ein Kapitel über sie einschieben.

Um dann das „heute" meines Themas zu bedienen, werde ich den Unisex-Stil
des Einundzwanzigsten Jahrhunderts beschreiben.

Zum Schluss werde ich auf meine Umfrage zurückkommen und sie auswerten.

Ich werde meine Beispiele zuerst nacheinander erläutern, indem ich erst einmal
in das Thema einführe und dann einen Vergleich zwischen einem Damen- und
Männeroutfit anstelle. In meiner Einführung versuche ich möglichst viele
Faktoren einfließen zu lassen, wie zum Beispiel die Politik, Stellung der Frau
(Emanzipation) und auch Stellung des Mannes in der Gesellschaft. Dabei
versuche ich die Parallelen klarzumachen. Zum Ende werde ich die Beispiele
von gestern und heute miteinander vergleichen, um Gemeinsamkeiten oder
Unterschiede zu erkennen und um ein Fazit ziehen zu können.

---

[2] Buxbaum, Gerda: „*Mode! Das 20. Jahrhundert*", Seite 33.

2.   Hauptteil

2. 1   Die Hose

Die Hose tauchte das erste mal im Zusammenhang mit einer Frau im 15. Jahrhundert auf. Mehrere Stiche und Holzschnitte zeigen, wie eine Frau einem Mann die Hose vom Körper reißt oder sich ein Mann und eine Frau um eine Hose streiten.

Dieser „Streit" hatte jedoch keinen Einfluss für die Bedeutung der Hose. Erst zu Zeiten der französischen Revolution war die Hose ein Symbol der Arbeiterklasse. Die Arbeiter trugen Kniebundhosen, was den Dritten Stand kennzeichnete. Als sie versuchten an politisches Mitspracherecht zu kommen, wollten sie ihre Gleichberechtigung zuerst äußerlich zeigen.[3]

Sie verbündeten sich zu der Gruppe „Sansculotte", was soviel bedeutet wie „ohne Kniebundhosen", also traten die Männer in normalen Stoffhosen auf. Dies war ein Zeichen für ihr Vorhaben, politisches Mitspracherecht zu erlangen, jedoch durfte sich die Frau nicht mit ihnen formatieren. Sie sollte weiterhin ausschließlich Hausfrau und Mutter sein und wurde bei jeglichen Versuchen, das Bürgerrecht oder andere Erfolge der Revolution für sich zu gewinnen, zurückgestoßen.

Das Auftreten der Frauen in Hosen während der Aufstände in Paris, um die Gleichheit zwischen ihnen und den Männern zu zeigen, brachte ihnen ein Gesetz ein, dass es ihnen verbot Hosen zu tragen- und das bis zum 31.09.2013. Erst jetzt wurde das Gesetz, das vor mehr als 200 Jahren verabschiedet wurde, als ungültig erklärt. Die Verfassung schrieb fest, dass

> „Jedwede Frau, die sich wie ein Mann zu kleiden wünscht, gehalten ist sich bei der Polizeipräfektur zu melden und eine Bewilligung zu beantragen, die nur aufgrund eines Zertifikats eines Beamten der Gesundheitsdienste angestellt werden kann."[4]

Anfang des 20. Jahrhunderts wurde das Gesetzt etwas gelockert, denn nun durften Frauen eine Hose tragen, wenn sie „in der Hand einen Fahrradlenker oder Pferdezügel"[5] halte.

---

[3] Coen, Sabine: *„Der Kampf um die Hose"*, siehe URL.
[4] Erdmann, Nicola: *„Pariserinnen dürfen endlich Hosen tragen"*, siehe URL.
[5] ebenda

Die Debatte über die Frauenhose verbreitete sich über den ganzen Erdball bis hin nach Amerika. Dort wurden unzählige Grundsatzdebatten geführt, dessen Leitfigur Amelia Bloomer war. Sie entwarf zum Ende des 19. Jahrhundert ein Hosenkostüm, das aus einer knöchellangen, weiten Hose und einem darüber getragenen Kleid besteht. Diese Kombination wurde Bloomer-Kostüm genannt und erregte viel Aufsehen, auch in Europa.[6]

2.1.1 Vergleich: Erste Modeannäherung

Um die Annäherung der Damenmode an die der Männer klarer zu machen, werde ich das oben genannte Bloomer-Kostüm mit einem Männeroutfit aus dem Jahre 1852 vergleichen. Der Entwurf für das Bloomer-Kostüm stammt aus dem Jahr 1851.

Bloomer-Kostüm 1851[7]	Herrentageskleidung 1852[8]

Das Bloomer-Kostüm besteht aus einer weiten Hose, die an den Knöcheln wieder eng gerafft wird. Das Kleid, das über der Hose angezogen wird, ähnelt mehr einem Mantel (durch den Kragen und die gekrempelten Ärmel), der bis zur Taille eng geschnitten ist und dann weit über die Hose bis zu den Knöcheln fällt.

---

[6] a.a.O., Seite 5.
[7] Wikipedia: „Bloomers", siehe URL.
[8] Peacock, John: „Männermode-das Bildhandbuch", Seite 61.

Der abgebildete Mann trägt einen Mantel, beziehungsweise einen Umhang, der über den Knien endet. Darunter trägt er einen Anzug.

Die Annäherung des Damenoutfits an das des Mannes sieht man nicht nur an der Hose, sondern auch an dem Rest des Outfits. Vergleicht man das Bloomer Kostüm mit der Tageskleidung eines Mannes von 1852 so sieht man, dass zwischen dem Kleid der Frau und dem Mantel des Mannes viele Ähnlichkeiten bestehen, wie die Länge und das Volumen. Die Kragen beider Kleidungsstücke ähneln sich ebenfalls. Der Mantel des Mannes ist allerdings an der Taille nicht eng geschnitten so wie das Kleid. Betrachtet man die Schuhe, fällt auf, dass sowohl der Damen- als auch der Herrenschuh beide spitz zulaufen und einen kleinen Absatz haben.

Das Bloomer-Kostüm setzt ein Zeichen, indem es der Frau ermöglicht wird, Tätigkeiten wie Fahrradfahren, Reiten oder andere Sportarten auszuüben. Designer wie der Franzose Paul Poiret entwarfen Frauenhosen gegen den Widerstand der Männerwelt. Trotzdem ließ Poiret seine Models auf Pferderennbahnen in Hosen auftreten. Er provozierte mit den öffentlichen Auftritten seiner Models und den Kleiderentwürfen ohne Korsage, die zu seiner Zeit als modisch galten. Er gilt als der Befreier der Frau aus der Korsage und legte den Grundstein für spätere Designer wie Coco Chanel.

Frauen trieben immer mehr Sport und zogen dazu natürlich Sportmode an. Diese bestand meist aus einer langen, weiten Hose und einem kürzerem Oberteil. So wurde eine sporttreibende Frau in Hosen Anfang des Neunzehnten Jahrhunderts ein Alltagsbild.

Spätestes jetzt wurde das Gesetz des Hosenverbots für Frauen in Paris so gut wie ignoriert. Allerdings erreichte die Damenhose ihren Durchbruch erst in den Zwanziger Jahren durch die weitere Verbreitung des Frauensports sowie durch die neuen Jobs der Frauen im ersten Weltkrieg in Fabriken, in denen sie Hosen zum Arbeiten tragen mussten .[9]

Die Frauen trugen nun zwar Hosen, allerdings war es immer noch ein Symbol für Rebellion und (noch nicht erfolgter) Emanzipation.

---

[9] a.a.O., Seite 5.

2.1.2 Der Hosenanzug

Trotz der abfälligen Kommentare der Männerwelt, wie zum Beispiel „Das Mädchen sieht aus wie ein Mann, der aussieht wie ein Mädchen"[10], trugen Frauen Männerkleidung auf der Straße. Es war nicht das Ziel die eigene Weiblichkeit zu verlieren, sondern der Stil gefiel einfach.

Marlene Dietrich galt damals als Stilikone. Als sie in den Dreißiger Jahren Auftritte in einem Anzug hatte, war dies skandalös und polarisierte. Frauen in aller Welt wollten ihren Stil imitieren. Das Problem war allerdings, dass Dietrich angefertigte Anzüge trug, die es für normale Frauen nicht zu kaufen gab. Einen Männeranzug wollten Frauen allerdings auch nicht tragen, da dieser die Figur zu sehr versteckte.

1966 griff Yves Saint Laurent das Thema wieder auf und entwarf den ersten „Le Smoking", der als Symbol der weiblichen Emanzipation gewertet werden kann.[11]

Seit Dietrichs öffentlichen Auftritten in Männeroutfits war es egal, ob eine Frau eine Hose, einen Rock oder ein Kleid trug. Die Frauenhose hatte sich nun durchgesetzt.

2.2 Die „maskuline Weiblichkeit"[12]

Diese sogenannte „maskuline Weiblichkeit" lässt sich auf die Zwanziger Jahre datieren. Der Kleidungsstil der Frau änderte sich extrem: die Mode wurde funktionaler, es wurden gerade und klare Linien, sowie sichtbare Konstruktionen genutzt, außerdem wurden Kurzhaarschnitte getragen. Besondere Vertreter/ Designer dieser Stilrichtung waren Christian Dior und John Galliano. Außerdem wurde ein neues Ideal geschaffen: eine Frau hat nun nicht mehr kurvenreich, sondern groß und schlank zu sein. Vorzeigefigur war da unter anderem Marlene Dietrich, die mit ihren langen Beinen, kleinem Busen und markantem Gesicht eine Stilikone wurde.

---

[10] Eckhardt, Katrin: „Frauen sind die schöneren Männer", siehe URL.
[11] a.a.O. Seite 5.
[12] a.a.O. Seite 2.

Dieser neue Kleidungsstil kam bei der Frau so gut an, da sie sich vermännlichen wollte. Sie wollte ihr neu gewonnenes Selbstbewusstsein durch ihr Outfit unterstreichen. Während des Krieges musste jede Frau selbstständig werden und arbeiten gehen, da die Männer an der Front waren. Somit entwickelte es sich, dass die Frau der zwanziger Jahre mit beiden Beinen im Leben stand und Tätigkeiten ausübte, die in Vorkriegszeiten nur Männern vorbehalten waren. Das neue Selbstbewusstsein entwickelte sich mit der Zeit. Eine Frau darf nun Büroarbeit übernehmen und der Anteil der erwerbstätigen Frauen Mitte der Zwanziger Jahren betrug mehr als ein Drittel. Auch machten immer mehr Frauen einen Hochschulabschluss.

Diese plötzliche Dynamik sollte auch in der Mode durch die oben genannten Aspekte unterstrichen werden. Dies gefiel jedoch den Männern nicht.

Heinrich Eduard Jacob kommentierte die Kurzhaarfrisur der modernen Frau 1929 so:

> „Die Frauen tragen heute nicht nur Jünglingsköpfe auf ihren Schultern: sie bekamen sogar den Etonschnitt, die hässliche Millimeterfrisur. (...) die Frau, die eben noch die Insignien der weiblichen Sklaverei ablegte, nahm freiwillig mit dem geschorenen Haar das Zeichen der männlichen Sklaverei auf.(...) Die Haartracht der heutigen Frau beweist, daß sie das Joch des Frauenseins nur abgestreift hat, um das Joch des Mannseins zu tragen."[13]

Es macht den Anschein, als sähe er eine Art Konkurrenz, sowohl beruflich als auch sexuell in der modernen Frau. Der Mann hat Angst davor, seine Männlichkeit teilen zu müssen- mit einer Frau. Deshalb hätte es Jacob wohl lieber, wenn Frauen und Männer sich äußerlich klar unterschieden, damit man keine modischen Parallelen erkennt und sie weiter auf die politische Stellung überträgt.

Dieses Zitat beweist eindeutig, dass der Mann keine Emanzipation der Frau wollte, die durch Mode unterstützt wird.[14]

2.2.1 Coco Chanel

Coco Chanel war in den zwanziger Jahren eine emanzipierte Frau, die die Mode vor ihrer Zeit so beschrieb:

---

[13] Lehnert, Gertrud: „*Geschichte der Mode im 20. Jahrhundert*", Seite 21.
[14] ebenda

„Es war ganz einfach eine Veränderung fällig, irgend etwas ging zu Ende, eine unschöne Zeit; alles war sehr häßlich. Die Frauen waren schlecht gekleidet, sie trugen etwas, das man damals Parabère nannte. Eine hohe Brust, das Hinterteil stark betont, die Taille eng geschnürt, Abendtoilette war das, die Frauen trugen Abendtoilette. (...) Die Kleider waren so lang, daß sie über den Boden schleiften und man alles hinter sich herzog."[15]

Dies zeigt, dass Chanel mit der damaligen Mode unzufrieden ist und genau weiß, was sie ändern würde und das tat sie auch: Chanels entworfene Kleidung war leger und locker. Ihr Stil lehnte sich an dem des oben genannten Paul Poiret an und sie mied das Korsett wie er. Außerdem wurden ihre Kleider und Röcke kürzer, damit sie eben nicht mehr „über den Boden schleiften". Selbst war sie Befürworterin des Unisex-Stils, auf den ich unter 2.3 zu sprechen komme.

Sie entwarf eine sportliche, bequeme, kurze und zeitgemäße Mode und gilt bis heute als Stilikone, da sie selbst ihre eigenen Entwürfe und bereits 1917 kurze Haare trug und damit ein Statement setzte. Sie wurde damals, genau wie Marlene Dietrich von vielen Frauen kopiert.

2.2.2 Vergleich: Anfang 20. Jahrhundert

Hier vergleiche ich ein ehemaliges Cover der ITZ, die im Januar 1927 erschienen ist, mit einem beispielhaften Männeroutfit für das Jahr 1926.

(Siehe Seite 11)
Bei der Frühlingsmode fällt sofort auf, dass die weiblichen Models groß und schlank sind. Die langen Beine werden bis zum Knie von Röcken, mit mal mehr mal weniger Falten, bedeckt. Obenrum wird eine Bluse und darüber ein kantiger, jackettartiger Blazer getragen. Die kurzen Haare werden von steifen Hüten verdeckt.

---

[15] Lehnert, Gertrud: *„Frauen machen Mode"*, Seite 74.

Frühlingsmode 1927[16]	Herrentageskleidung 1926[17]

Sieht man sich die Tageskleidung des Mannes an, fällt auf, dass zwischen seinem Hut und dem der abgebildeten Frauen kein großer Unterschied, abgesehen von den Farben, besteht. Er trägt ein Jackett, das wie oben schon gesagt dem Blazer der Frauen ebenfalls ähnelt.

Hinsichtlich der Farben sieht man im Frühlingsoutfit der Frau viele grelle und fröhliche Farben. Einen Ansatz von greller Farbe sieht man auch im Männeroutfit bei der Krawatte, ansonsten sind die Farben eher unauffällig.

2.3   Unisex-Stil

Heutzutage lässt sich keine klare Annäherung der Damenmode an die der Männer festmachen, sondern eher andersrum. So werden die Hosen der männlichen Jugend immer enger und die Ausschnitte der T-Shirts und Tops immer größer.

---

[16] a.a.O., Seite 1.
[17] Peacock, John: „*Männermode-das Bildhandbuch*", Seite 102.

Es lässt sich aber auch sagen, dass Frauenmode nicht mehr so extravagant und kurvenbetont ist wie früher. Es wird immer mehr auf schlichte Farben und Formen gesetzt, die nicht unbedingt die weiblichen Kurven betonen sollen.

Es scheint durch die oben genannten Aspekte so, als würden sich beide Geschlechter einen „Look" teilen und gar keinen großen Wert auf die Unterscheidung der Geschlechter in der Freizeitmode legen. Designer wie Rad Hourani entwerfen Kollektionen, die Unisex, also weder spezifisch für Frauen noch für Männer, sind.

Ziel dabei ist es gewisse gesellschaftliche Schranken aufzuheben, die sich in der Mode widergespiegeln.

Von vielen Seiten kommt der Wunsch nach freier Entwicklung des Einzelnen, auch in der Mode.

Im Anhang auf *Seite 16* ist ein Ausschnitt der Haute Couture Kollektion 2014 von Hourani *(Abbildung 1)* zu sehen. Man sieht keine deutlichen Unterschiede zwischen den Kleidungsstücken der männlichen und der weiblichen Models. Als neutrale Farbe wurde schwarz gewählt. Die Designs sind schlicht und klar und betonen weder eine Männer- noch Frauenfigur.

Auf *Abbildung 2 (Seite 16)* ist zu erkennen, dass Hourani noch einen Schritt weiter geht und die Models durch Masken fast gleich aussehen lässt. Sie tragen alle die selbe Frisur und sind alle etwa gleich groß, so dass man nicht klar sagen kann, ob ein Mann oder eine Frau das Outfit präsentiert.[18]

2.4   Ergebnisse der Umfrage

Um noch ein Beispiel der heutigen Zeit ausführen zu können habe ich zwei Umfragen, eine für Männer und eine für Frauen, erstellt, die sich jeweils nur in den letzten Fragen unterschieden. Die Männer und Frauen sollten jeweils angeben, welche ihre Lieblingskleidungsstücke sind.

Die Auswertung ergab, dass sowohl Männer als auch Frauen in der Freizeit gerne Hosen, T-Shirts und Pullover tragen. Wenn es um feierliche Anlässe geht, würden viele Frauen zu einem Kleid oder Rock tendieren. Auch im Büro greifen mehr Frauen zu einem Rock, kombiniert mit Bluse oder ein Kleid,

---

[18] Fentloh, Frauke: „*Halb Mann, halb Frau, ganz Mode*", siehe URL.

obwohl es keinen Dresscode gibt, der ihnen vorschreibt sich schicker zu kleiden, als sie dies in der Freizeit tun.

Auffallend ist, dass ein Drittel der befragten Männer es gerne sehen, wenn Frauen sich aufreizend in kurzen Kleidern und Röcken kleiden, während nur 12,5% der Frauen ihre Reize gerne betonen. Der Rest kleidet sich mehr nach der jeweiligen Stimmung.

Dies war die einzige Auffälligkeit in meiner Umfrage. Keine Frau gab an, sich von der geschlechtsspezifischen Mode gewissermaßen unterdrückt zu fühlen oder sich anders kleiden zu wollen. Sie gaben an, dass sie mit ihrer Art sich zu kleiden sehr zufrieden sind und sich nicht hinsichtlich der Männerwelt oder anderem modisch verändern wollen.

3.   Schluss

3.1   Vergleich der Beispiele

Die Beispiele, die das „Gestern" verkörpern, haben alle etwas gemeinsam: Die Emanzipation der Frau. Jedes mal stößt dies auf völliges Unverständnis in der Männerwelt. Die Männer wollen ihre Männlichkeit nicht teilen und mit klarem Abstand das „starke Geschlecht" bleiben. Während der französischen Revolution kämpfen die Männer um Freiheit und Gleichheit des Einzelnen, schließen jedoch die Frauen aus. Dies klingt total paradox, aber es war zu der damaligen Zeit üblich, die Frau nicht als gleichberechtigten Menschen anzusehen.

Selbst nach mehr als 100 Jahren hatten Männer und Frauen immer noch nicht die gleichen Rechte. Die Frauen vor dem ersten Weltkrieg wurden weiterhin von ihren Männern und Gesetzen unterdrückt. Als der Krieg jedoch ausbrach, brauchte man die Frauen als Arbeitskräfte, während ihre Männer an der Front kämpften. Als die Männer wieder zurück nach Hause kamen, ließen sich die Frauen nicht mehr unterdrücken, denn sie wollten nicht nur die Hausfrauen- und Mutterrolle übernehmen. Ab dann war es klar, dass die Frau eine feste Position in der Gesellschaft, gleichgestellt mit dem Mann, braucht. Provokant unterstützen sie die Forderungen der Gleichstellung durch das Tragen von Männerkleidung.

Diese Beispiele kann man nicht in die heutige Zeit übertragen, denn die Frau ist nun nach langer Zeit dem Mann komplett gleichgestellt und brauch um keine Rechte mehr zu kämpfen. Laut meiner Umfrage fühlt sich keine Frau benachteiligt oder unwohl in ihrer Kleidung und sucht selbst aus, was sie tragen will oder nicht.

Die vollkommene Gleichberechtigung Männer und Frauen wird heute in Unisexmode ausgedrückt, die wohl immer populärer wird. An einen solchen Stil haben die Frauen damals nie gedacht, da sie ja nie aussehen wollten wie Männer, sondern nur für gleiche Rechte ein Zeichen setzen und provozieren wollten.

3.2 **Fazit**

Die Frau setzte sich erst spät für ihre Rechte ein. Lange Zeit dachte niemand über die Emanzipation der Frau nach und selbst wenn irgendwo eine Andeutung dieser aufkam (sowie in der französischen Revolution), versuchte man die Bewegung so weit wie möglich zu unterdrücken. Erst als die Frau im Ersten Weltkrieg als Arbeitskraft gebraucht wurde, fing man an sie als gleichberechtigt in der Gesellschaft anzusehen.

Damit eine Frau sich jedoch als gleichberechtigt in der Gesellschaft fühlte, reichte es nicht, sie nicht mehr nur auf die Rolle der Mutter und Hausfrau zu beschränken, sondern sie wollte gleich sein und das in jeglicher Hinsicht. Die Mode war ein gutes Mittel um dafür zu rebellieren, da die Männerwelt sich durch das männliche Aussehen der Frauen gleich provoziert fühlte.

Stellt man sich aber die Frage, warum eine Frau keine Männerkleidung tragen darf, findet man keine Antwort. In den oben aufgeführten Zitaten versuchte man sich gegen diesen neuen Look der Frau zu wehren, jedoch gab es keinen wirklichen Grund für die Aufruhr.

Die gestrige Welt musste aufgeweckt werden und sich von ihren traditionellen Mustern lösen, denn diese wurden nicht mehr akzeptiert. Das erlassene Gesetz, dass Frauen keine Hosen tragen durften, wurde in Paris mit der Zeit weiter ignoriert, jedoch stellt sich die Frage, warum das Gesetz erst 2013 als nichtig erklärt wurde. Man kann mehrere Vermutungen anstellen, jedoch äußert sich niemand zu diesem Gesetz und seiner Abschaffung. Es kann sein, dass das Gesetz sowieso nicht mehr galt und es deshalb niemanden interessierte, ob es besteht oder nicht. Allerdings ist es auch möglich, dass die Franzosen einfach eine Art Zeichen setzen wollten, dass wir erst jetzt in der modernen Zeit der Gleichberechtigung Aller angekommen sind.

Heute hat man nämlich das Gefühl, dass sich beide Geschlechter aneinander orientieren, denn warum sollte ein Mann keine Frauenmode tragen oder andersherum? Es spricht nichts gegen einen Unisexstil, der aber noch nicht überall akzeptiert wird, weil in manchen Kulturen zum Teil immer noch alte Denkmuster bestehen.

Freizeitmode ist immer noch geschlechtsspezifisch, allerdings sind die Unterschiede zwischen Männerhosen/ -t-shirts und Frauenhosen/ -t-shirts nicht mehr allzu groß. Schaut man sich aber das Kleidungsschema der zwei Gruppen an, sieht man eine klare Abgrenzung: Bei feierlichen Anlässen tragen Männer klassische Anzüge und Frauen elegante Kleider. Wieso sollte nicht auch hier eine Überlappung der Kleidungsstücke entstehen? Das alte Rollenbild ist bei solchen Anlässen immer noch in den Köpfen beider Geschlechter verankert.

Abschließend lässt sich sagen, dass die Mode der Menschen immer von der Kultur abhängig ist. Betrachtet man die westliche Welt, erkennt man viel Toleranz und Moderne, die das Tragen von jeglichem Modestil akzeptiert. Hier sind unterschiedliche Geschlechter weitestgehend egal..

Betrachtet man aber sehr traditionell geprägte Kulturen wie den Islam, sieht man eine konventionelle Rollenverteilung und Abgrenzung der Geschlechter. Dies spiegelt sich natürlich im Leben und somit in auch der Mode wider. Hier ist eine Annäherung der Damenmode an die Männerwelt nicht ansatzweise vorhanden.

Daraus ist zu schließen, dass nur in modernen und weltoffenen Kulturen eine Annäherung der Damenmode an die Männerwelt möglich.

4. Anhang

Abbildung 1:[19]

Abbildung 2:[20]

---

[19] a.a.O., Seite 12.
[20] ebenda

5.   Literaturverzeichnis

- Buxbaum, Gerda: *Mode! Das 20. Jahrhundert.* München, Berlin, Hamburg (Prestel), 1999.

- Coen, Sabine: *Kampf um die Hose.* (2014)
  URL: https://www.planet-wissen.de/alltag_gesundheit/mode/hose/hose.jsp
  (Download: 10.02.2015).

- Eckhardt, Kathrin: *Frauen sind die schöneren Männer.* (2012)
  URL: http://www.nzz.ch/aktuell/startseite/frauen-sind-die-schoeneren-maenner--1.17910920 **(Download: 10.02.2015).**

- Erdmann, Nicola: *Pariserinnen dürfen endlich Hosen tragen!* (2013)
  URL: http://www.welt.de/lifestyle/article113476723/Pariserinnen-duerfen-endlich-Hosen-tragen.html **(Download: 10.02.2015).**

- Fentloh, Frauke: Halb Mann, halb Frau, ganz Mode. (2014) URL:
  http://www.zeit.de/lebensart/mode/2014-04/rad-hourani-paris-chambre-syndicale
  (Download: 08.03.2015).

- Lehnert, Gertrud: *Frauen machen Mode.* Dortmund (Edition Ebersbach), 1998.

- Lehnert, Gertrud: *Die Geschichte der Mode im 20. Jahrhundert.* Köln (Könemann) 2000.

- Peacock, John: *Männermode- Das Bildhandbuch.* Bern, Stuttgart, Wien (Haupt) 1996.

- Wikipedia: *Blommers.* (2014) URL: http://de.wikipedia.org/wiki/Bloomers
  (Download: 08.03.2015)